G.O.A.T. EN LAS CARRERAS DE AUTOS

DALE EARNHARDT, JIMMIE JOHNSON Y MÁS

JOE LEVIT

ediciones Lerner ◆ Mineápolis

LA EMOCIÓN DEL DEPORTE SE ENCUENTRA CON LA HABILIDAD DE LA INVESTIGACIÓN

Lerner SPORTS

Prueba gratuita de base de datos en inglés:
lernersports.com

ediciones Lerner
Una división de Lerner Publishing Group, Inc.
241 First Avenue North
Mineápolis, MN 55401, EE. UU.

Si desea averiguar acerca de niveles de lectura y para obtener más información, favor consultar este título en www.lernerbooks.com.

Fuente del texto del cuerpo principal: Aptifer Sans LT Pro.
Fuente proporcionada por Linotype AG.

Library of Congress Cataloging-in-Publication Data

Names: Levit, Joseph, author.
Title: G.O.A.T. en las carreras de autos : Dale Earnhardt, Jimmie Johnson y más / Joe Levit.
Other titles: Auto racing's G.O.A.T. Spanish
Description: Minneápolis : ediciones Lerner, 2023. | Series: Lo mejor del deporte de todos los tiempos | Includes bibliographical references and index. | Audience: Ages 7–11 | Audience: Grades 4–6 | Summary: "Start your engines and get in gear to learn about the greatest auto racers of all time! Exciting stats and information presented in a top-ten format will have readers turning the pages. Now in Spanish!"— Provided by publisher.
Identifiers: LCCN 2022016367 (print) | LCCN 2022016368 (ebook) | ISBN 9781728477336 (library binding) | ISBN 9781728478128 (paperback) | ISBN 9781728480091 (ebook)
Subjects: LCSH: Automobile racing drivers—Biography—Juvenile literature. | Automobile racing drivers— Rating of—Juvenile literature. | Automobile racing—Juvenile literature. | Earnhardt, Dale, 1951-2001— Juvenile literature. | Johnson, Jimmie, 1975—-Juvenile literature.
Classification: LCC GV1032.A1 L4718 2023 (print) | LCC GV1032.A1 (ebook) | DDC 796.720922 [B]—dc23/ eng/20220506

LC record available at https://lccn.loc.gov/2022016367
LC ebook record available at https://lccn.loc.gov/2022016368

Fabricado en los Estados Unidos de América
1-52369-50726-4/27/2022

CONTENIDO

En la mayoría de los eventos de la NASCAR, hay más de cuarenta pilotos compitiendo por la línea de meta.

¡ENCIENDE TUS MOTORES!

DATOS DE INTERÉS

NIGEL MANSELL es el único piloto que ha conseguido los títulos de F1 (Fórmula 1) e IndyCar a la vez.

MICHAEL SCHUMACHER ocupa el primer lugar en la historia de la liga con siete campeonatos de F1.

Los siete campeonatos de NASCAR de **JIMMIE JOHNSON** están empatados con la mayor cantidad de todos los tiempos.

MARIO ANDRETTI es la única persona que ha ganado el premio al piloto del año en tres décadas diferentes.

¿Alguna vez intentaste hacer una lista de los mejores pilotos de carreras automovilísticas de todos los tiempos? Los mejores pilotos del mundo compiten en eventos de F1, IndyCar y NASCAR. Por eso las ligas son tan populares entre los aficionados a las carreras.

Los pilotos obtienen puntos cuando terminan las carreras. Las reglas de la F1 otorgan 25 puntos al ganador de cada carrera y 18 puntos al segundo clasificado, y a partir de ahí se conceden menos puntos. Las demás ligas tienen sistemas similares. El piloto con más puntos al final de la temporada gana el campeonato.

La NASCAR, la IndyCar y la F1 cuentan con automóviles superrápidos. Pero las ligas también tienen muchas diferencias. La F1 y la IndyCar utilizan vehículos de ruedas descubiertas. Las ruedas están por afuera de las estrechas carrocerías de los automóviles. Las ruedas de los automóviles de serie giran dentro de las anchas y voluminosas carrocerías.

Muchos de los circuitos de la F1 y la IndyCar tienen vueltas, giros y curvas cerradas. Algunas carreras se disputan en carreteras públicas cerradas. La mayoría de las carreras de la NASCAR se disputan en grandes circuitos ovalados. Los vehículos de todas las ligas corren durante horas en las carreras, a menudo, a 200 millas (321 km) por hora o más.

Algunos pilotos profesionales se centran en la F1 durante toda su carrera. Otros prefieren la NASCAR o la IndyCar. Unos pocos elegidos

La IndyCar comenzó oficialmente en 1994, pero las carreras de ruedas descubiertas como deporte empezaron hace más de 100 años.

Los automóviles de la F1, que se muestran aquí, tienen un aspecto similar al de los de la Indy, pero hay muchas diferencias en las piezas y las reglas que distinguen a las ligas.

han ganado en las tres ligas. Pero sólo 10 pilotos pueden ser los mejores de todos los tiempos (G.O.A.T., por sus siglas en inglés).

Puede que no estés de acuerdo con el orden de estas clasificaciones. Tal vez pienses que faltan algunos grandes pilotos. Pilotos increíbles como Lewis Hamilton, Scott Dixon y Jim Clark no llegaron a la meta. Puede que tus amigos también tengan clasificaciones diferentes. Está bien no estar de acuerdo. Este libro se trata de reflexionar sobre los grandes pilotos de carreras y que formes tu propia opinión sobre ellos.

NIGEL MANSELL

Nigel Mansell corrió con automóviles de la F1 durante 15 años. Su agresivo estilo de conducción molestaba a muchos rivales. Trataba de sacar ventaja intimidando a otros corredores. Mansell rara vez levantaba el pie del acelerador y no temía correr riesgos. Por eso los aficionados lo llamaban el Bulldog Británico.

El estilo contundente de Mansell fue exitoso, pero tuvo un precio. Ganó 31 carreras de la F1 durante sus 15 años de carrera, y se estrelló 32 veces. Un accidente lo dejó con el cuello roto. Otro le rompió un hueso de la espalda.

A pesar de las lesiones, Mansell siempre compitió con su estilo intenso. Ganó el campeonato mundial de la F1 de 1992.

Buscando un nuevo reto, pronto dejó la F1 para probar la IndyCar. En 1993, ganó el campeonato de la IndyCar. Esto lo convirtió en la única persona en conseguir títulos de la F1 y la IndyCar al mismo tiempo.

ESTADÍSTICAS DE NIGEL MANSELL

▶ Se convirtió en el primer piloto en ganar el campeonato de la IndyCar en su primera temporada.

▶ Ocupa el séptimo lugar de todos los tiempos con 31 victorias en carreras de la F1.

▶ Ocupa el undécimo lugar de todos los tiempos con 59 apariciones en el podio de la F1.

▶ Obtuvo la primera posición en 14 de las 16 carreras de 1992.

▶ Entró en el Salón de la Fama del Automovilismo Internacional en 2005.

ALAIN PROST

Alain Prost planificaba cuidadosamente sus movimientos en la pista. Pensar con antelación le valió el apodo de "El Profesor". Prost solía conducir a velocidad crucero por debajo de su velocidad máxima al comienzo de la carrera. Intentaba evitar el desgaste de los frenos y los neumáticos del automóvil. De este modo, podía hacer menos paradas en boxes al final de la carrera.

El enfoque de Prost en las carreras lo ayudó a ser más astuto y a superar a la competencia. Casi gana el campeonato de la F1 de 1984, donde terminó a 0.5 puntos de Niki Lauda. Fue el comienzo de una increíble racha de éxitos. Prost ganó el título de la F1 en 1985, 1986 y 1989.

En 1992, Prost se alejó del asiento del piloto. Pasó ese año como analista de carreras en la televisión. Volvió a las pistas en 1993 y demostró que el tiempo transcurrido no lo había frenado. Ese año ganó siete carreras y su cuarto campeonato de la F1.

ESTADÍSTICAS DE ALAIN PROST

▷ Ganó el campeonato de la F1 en cuatro ocasiones.

▷ Ocupa el cuarto lugar de todos los tiempos con 51 victorias en carreras de la F1.

▷ Ocupa el cuarto lugar de todos los tiempos con 106 apariciones en el podio de la F1.

▷ Ganó la primera posición en 13 de las 16 carreras de 1993.

▷ Los medios de comunicación y las leyendas del deporte lo distinguieron como el mejor piloto de automóviles del siglo XX en 1999.

MICHAEL SCHUMACHER

Michael Schumacher era agresivo. A veces chocaba el vehículo que le precedía, lo que obligaba a otros pilotos a apartarse de su camino o a arriesgarse a chocar. Su increíble deseo de triunfar impulsaba a Schumacher dentro y fuera de la pista. Iba al gimnasio todos los días para mantenerse en forma. Preparaba su cuerpo para las largas carreras de F1 que podrían cansar a otros pilotos.

Schumacher es el piloto de F1 más exitoso de todos los tiempos. En 2002, se convirtió en el único piloto de la historia en subir al podio en todas las carreras de una temporada. También batió el récord de apariciones en el podio de forma consecutiva con 19 de ellas. En 2004 estableció el récord de victorias en una temporada con 13. Schumacher ganó 22 grandes premios diferentes, más que cualquier otro piloto. Y su racha de 15 temporadas consecutivas con una victoria en un gran premio es la más larga de la historia.

ESTADÍSTICAS DE MICHAEL SCHUMACHER

► Sus siete campeonatos de F1 son el mayor número de la historia.

► Es el primero de todos los tiempos con 91 victorias en la F1.

► Es el primero de todos los tiempos con 155 apariciones en el podio de la F1.

► Ganó la primera posición en 11 de las 17 carreras de 2001.

► Ganó el premio al deportista mundial del año en 2002 y 2004.

JIMMIE JOHNSON

Jimmie Johnson solía situarse justo detrás de los líderes en las primeras vueltas de la carrera. Se mantenía cerca, pero no intentaba tomar la delantera de inmediato. Johnson hacía su jugada al final de la carrera. Esta estrategia lo ayudó a tener un éxito increíble. Está empatado con Dale Earnhardt y Richard Petty en el mayor número de campeonatos de la NASCAR de todos los tiempos. Johnson es el único piloto de la historia que ganó cinco campeonatos de la NASCAR seguidos.

En 2006, Johnson corrió en el mayor evento de la NASCAR, las 500 millas de Daytona. Se puso a la cabeza cuando quedaban 14 vueltas de la carrera de 200 vueltas. Uno a uno, pilotos como Ryan Newman intentaron adelantar a Johnson. Pero los mantuvo a raya para ganar la carrera. Johnson volvió a ganar la Daytona 500 en 2013.

ESTADÍSTICAS DE JIMMIE JOHNSON

▷ Ganó el campeonato de la NASCAR en siete ocasiones.

▷ Tiene 83 victorias en la NASCAR y está empatado en la sexta cantidad de victorias de todos los tiempos.

▷ Ganó la primera posición en carreras de NASCAR 35 veces.

▷ Ganó el premio al Deportista Masculino del Año de Associated Press en 2009.

▷ Ganó el premio al Conductor del Año en siete ocasiones.

DALE EARNHARDT

Dale Earnhardt es uno de los corredores de automóviles más populares de todos los tiempos. Su estilo agresivo lo convirtió en el favorito de los aficionados. Estaba tan decidido a ganar que a veces chocaba con otros automóviles. Su feroz conducción obligaba a sus rivales a prestarle atención en todo momento. También ponía nerviosos a muchos de ellos. Los aficionados y los pilotos lo llamaban el Intimidador.

Earnhardt corrió en su primera Daytona 500 en 1979. Finalmente ganó la célebre carrera en 1998. Tres años después, murió en un choque en Daytona. Viajaba a más de 150 millas (241 km) por hora durante la última vuelta, Earnhardt perdió el control de su vehículo y chocó contra un muro. Momentos después, su hijo, Dale Earnhardt Jr., terminó la carrera en segundo lugar. Earnhardt fue una de las primeras personas incluidas en el Salón de la Fama de la NASCAR cuando se inauguró en 2010.

ESTADÍSTICAS DE DALE EARNHARDT

▶ Ganó el campeonato de la NASCAR en siete ocasiones.

▶ Consiguió 76 victorias en la NASCAR, la octava mayor cantidad de todos los tiempos.

▶ Obtuvo la primera posición para una carrera de la NASCAR 22 veces.

▶ Terminó una carrera de la NASCAR 281 veces entre los cinco primeros.

▶ Terminó una carrera de la NASCAR 428 veces entre los 10 primeros.

AYRTON SENNA

Ayrton Senna fue un brillante y audaz corredor de la F1. Aunque su vehículo tenía muchas velocidades, Senna solo tenía una: la velocidad máxima. La F1 lleva la cuenta del líder de cada vuelta en una carrera. Senna estuvo en primer lugar durante un sorprendente 36% de las vueltas que dio en su carrera. En 1988, Senna ganó su primer campeonato mundial de la F1. En los tres años siguientes, ganó dos campeonatos más.

Senna conducía rápido en cualquier condición. Se sentía tan cómodo corriendo con su vehículo bajo la lluvia como en una pista seca. Eso lo ayudó a ganar carreras de F1 en mojado, como el Gran Premio de Portugal de 1985 y el Gran Premio de Europa de 1993. Ganó al menos 12 carreras importantes bajo la lluvia. La vida de Senna terminó a los 34 años en un choque en el Gran Premio de San Marino de 1994.

ESTADÍSTICAS DE AYRTON SENNA

- Tiene el récord de victorias en el Gran Premio de Mónaco con seis triunfos.

- Ocupa el quinto lugar de todos los tiempos con 41 victorias en carreras de la F1.

- Apareció en el podio en 80 ocasiones en la F1.

- Ocupa el tercer puesto de todos los tiempos con 65 primeras posiciones en la F1.

- Ganó ocho de los 16 eventos de la F1 en 1988.

RICHARD PETTY

Richard Petty corrió durante 35 años y se convirtió en el piloto más exitoso de la NASCAR. Por eso los aficionados a las carreras y sus compañeros lo llaman el Rey. Petty tiene el récord de victorias en una temporada al ganar 27 carreras en 1967. Ese año estableció el récord de victorias consecutivas con 10.

Petty compitió en 1,184 carreras de la NASCAR. Ganó 200 de ellas, un récord de todos los tiempos. Eso es casi el doble de las victorias totales de David Pearson, el siguiente corredor más cercano. Petty estableció otro récord al terminar segundo en una carrera 157 veces. También ganó la Daytona 500 un récord de siete veces.

Petty corrió durante décadas a pesar de haber sufrido algunos choques importantes. En 1970, se estrelló en la Rebel 400 en Darlington, Carolina del Sur, y se lesionó el hombro. Entonces se añadieron redes de seguridad en las ventanillas de todos los coches de serie para evitar este tipo de lesiones.

ESTADÍSTICAS DE RICHARD PETTY

▶ Ganó el campeonato de la NASCAR en siete ocasiones.

▶ Sus 1,184 carreras son la mayor cantidad en la historia de la NASCAR.

▶ Consiguió la primera posición en carreras de la NASCAR en 123 ocasiones.

▶ Estuvo a la cabeza durante 51,406 vueltas en su carrera, un récord histórico.

▶ Entró en el Salón de la Fama de la NASCAR en 2010.

JUAN MANUEL FANGIO

De joven, Juan Manuel Fangio competía en eventos de larga distancia en Sudamérica. Las carreras cubrían miles de kilómetros y podían durar semanas. Las largas distancias lo ayudaron a ganar fuerza y resistencia. Fangio no empezó a correr en la F1 hasta los 39 años.

Aprovechó su experiencia en las carreras para dominar un movimiento llamado el "derrape en cuatro ruedas". El piloto desliza el automóvil lateralmente en una curva de la carretera, lo que lo ayuda a ir más rápido en la curva.

La carrera de Fangio en la F1 fue breve, pero increíblemente exitosa. En sus siete temporadas completas de la F1, fue campeón cinco veces. Terminó segundo en las otras dos temporadas.

Fangio lideraba el Gran Premio de Alemania de 1957 al final de la carrera. Pero perdió la delantera tras una lenta parada en boxes. Condujo la vuelta más rápida de la historia del circuito para remontar y ganar la carrera. Algunos aficionados a la F1 la consideran la mejor carrera de todos los tiempos.

ESTADÍSTICAS DE JUAN MANUEL FANGIO

▶ Ganó seis de las ocho carreras en las que participó en 1954.

▶ Ganó 24 de las 51 carreras de la F1 en las que participó en su carrera, el mejor porcentaje de victorias de la historia de la F1.

▶ Apareció en el podio en 35 ocasiones en la F1.

▶ Consiguió la primera **posición** en 29 de sus 51 carreras, el mejor porcentaje de la **historia**.

▶ En 1957, se convirtió en el piloto de mayor edad en ganar el campeonato de la F1, con 46 años y 41 días.

A. J. FOYT

Una forma de que un piloto llegue a ser grande es ganar diferentes tipos de carreras. A. J. Foyt demostró que podía ganar carreras rápidas como las 500 millas (804 km) de Daytona 500. También podía conducir miles de kilómetros y ganar una carrera de resistencia como las 24 horas de Le Mans.

Foyt es el único piloto que ganó Indianápolis 500, Daytona 500, las 24 horas de Daytona y las 24 horas de Le Mans. Además de las carreras de ruedas descubiertas y los automóviles de serie, Foyt corrió con vehículos más pequeños, como los automóviles *sprint* (automóviles de competición de alta potencia). Las 67 victorias de Foyt son la mayor cantidad en la historia de la IndyCar. De 1958 a 1992, estableció un récord al correr en 35 Indy 500 consecutivas. Ganó la carrera cuatro veces. También ganó siete eventos de la NASCAR en su carrera, incluida la Daytona 500 de 1972.

ESTADÍSTICAS DE A. J. FOYT

▷ Terminó una carrera de IndyCar entre los cinco primeros 144 veces.

▷ En 1964, ganó 10 de las 13 carreras de la temporada de la IndyCar.

▷ Sus siete campeonatos de la IndyCar son el mayor número de la historia.

▷ Obtuvo la primera posición 53 veces durante su carrera en la IndyCar.

▷ La Associated Press lo votó como el Piloto del Siglo en 1999, en un empate con Mario Andretti.

MARIO ANDRETTI

Mario Andretti creció admirando a grandes pilotos de la F1 como Alberto Ascari. Sin embargo, Andretti corrió en muchas ligas diferentes antes de convertirse en piloto de la F1. Comenzó su carrera en vehículos como los automóviles sprint, que no van tan rápido como los de la F1, la IndyCar y la NASCAR. Las carreras de automóviles sprint pueden ayudar a los jóvenes pilotos a adquirir las habilidades que necesitan para competir en ligas más rápidas.

Cuando Andretti empezó a competir con automóviles más rápidos, demostró ser el mejor piloto de automóviles de todos los tiempos. En una carrera que duró casi 30 años, Andretti dominó la competencia en los mayores escenarios del deporte. Ganó la Daytona 500 en 1967 y la Indianápolis 500 en 1969. Comenzó a competir en eventos de la F1 en 1968. Se convirtió en campeón del mundo de F1 10 años después. Es el único piloto que ganó la Indianápolis 500, la Daytona 500 y el título de la F1.

ESTADÍSTICAS DE MARIO ANDRETTI

► Ganó tres veces las **12 Horas de Sebring**, una carrera anual de resistencia.

► Ganó el premio al Piloto del Año en **1967, 1978 y 1984**.

► Es uno de los tres pilotos que han ganado una carrera en una carretera pública, una pista pavimentada y una pista de tierra en una misma **temporada**.

► Ganó el campeonato de la IndyCar en cuatro ocasiones.

► La Associated Press lo votó como Piloto del Siglo en **1999**,

TU

G.O.A.T.

ES TU TURNO DE HACER UNA LISTA DE LOS G.O.A.T. ENTRE LOS PILOTOS DE CARRERAS PROFESIONALES. Para empezar la carrera, investiga un poco. Considera cuidadosamente las clasificaciones de este libro. A continuación, consulta la sección Más información en la página 31. Verás libros y sitios web en los que obtendrás información adicional sobre los mejores pilotos del pasado y del presente. Busca en Internet más información sobre carreras de automóviles. O habla con un bibliotecario sobre otros recursos. Incluso puedes intentar ponerte en contacto con algunos de los mejores pilotos de carreras para ver qué opinan.

Reflexiona y haz tu lista de los 10 mejores corredores de todos los tiempos. ¿Tienes amigos a los que les gustan las carreras de automóviles? Pídeles que hagan sus propias listas y compárenlas. ¿Qué pilotos tienes que nadie más incluyó en la lista? ¿Te falta algún piloto que tus amigos creen que todos deberían incluir? ¡Háblales e intenta convencerlos de que tu lista es la **G.O.A.T.**!

DATOS SOBRE LAS CARRERAS DE AUTOS

- ▶ El Indianapolis Motor Speedway de Indiana, sede de la Indianápolis 500, recibe el apodo de Brickyard (fábrica de ladrillos) porque la pista solía estar hecha de ladrillos.

- ▶ Cuando alcanza las 200 millas (321 km) por hora, un automóvil de carreras recorre casi la longitud de un campo de fútbol en un segundo.

- ▶ En su larga carrera, el corredor Terry Labonte estableció un récord histórico al conducir más de 14,892 millas (23,966 km) durante la Daytona 500. ¡Eso equivale a 5,957 vueltas!

- ▶ Los mejores equipos de boxes de la F1 pueden abastecer con combustible un automóvil y cambiar sus neumáticos en tres segundos.

- ▶ Los circuitos de la F1 están llenos de curvas, por lo que los pilotos utilizan mucho los frenos. Durante una carrera, los discos de freno se calientan. ¡Pueden alcanzar la misma temperatura media que la lava fundida!

GLOSARIO

aparecer en el podio: cuando un piloto termina entre los tres primeros en una carrera

automóvil sprint: un automóvil de carreras de tamaño medio que suele circular por una pista de tierra

carrera de resistencia: carrera automovilística que pone a prueba la capacidad de un piloto para competir durante mucho tiempo

Daytona 500: carrera anual de 500 millas (804 km) que es el evento más famoso de la NASCAR

gran premio: carrera única que forma parte de una serie internacional de carreras

Indianápolis 500: carrera anual de 500 millas. Es el evento más famoso de la IndyCar.

parada de boxes: una parada durante una carrera para abastecerse de combustible y cambiar los neumáticos de un automóvil

porcentaje de victorias: carreras ganadas divididas por el número total de carreras corridas

primera posición: el automóvil que se encuentra en la mejor posición al comienzo de una carrera. La primera posición se suele conceder al piloto más rápido durante las vueltas de clasificación antes de la carrera.

24 horas de Daytona: una carrera anual de resistencia en Daytona Beach, Florida, que dura 24 horas

MÁS INFORMACIÓN

Jimmie Johnson
https://www.jimmiejohnson.com/

Kiddle—Auto Racing Facts for Kids
https://kids.kiddle.co/Auto_racing

Monnig, Alex. *Behind the Wheel of an Indy Car*. Mankato, Minnesota: Child's World, 2016.

Nagelhout, Ryan. *Talk like a Race Car Driver*. Nueva York: Gareth Stevens, 2017.

Savage, Jeff. *Auto Racing Super Stats*. Mineápolis: Lerner Publications, 2018.

Sports Illustrated Kids—More Sports
https://www.sikids.com/more-sports

ÍNDICE

CRÉDITOS POR LAS FOTOGRAFÍAS